中国电子信息工程科技发展研究

# 区块链技术发展专题

中国信息与电子工程科技发展战略研究中心

科学出版社

北　京

# 内 容 简 介

　　本书介绍区块链的基本概念，阐述区块链在经济社会和国家治理中发挥作用的基本原理，在总结众多区块链具体实现的基础上提炼共性技术架构，简要分析了区块链涉及的关键技术，对国内外区块链产业发展情况进行了综述，并对区块链的未来趋势进行了展望。

　　本书可帮助工程技术人员、技术管理人员、大专院校相关专业学生，以及对区块链感兴趣的其他读者快速把握区块链的全貌，理解区块链的基本原理，找到应用切入点。

**图书在版编目（CIP）数据**

　　中国电子信息工程科技发展研究. 区块链技术发展专题/中国信息与电子工程科技发展战略研究中心编著. —北京：科学出版社，2020.6
　　ISBN 978-7-03-065102-0

　　Ⅰ. ①中… Ⅱ. ①中… Ⅲ. ①电子信息-信息工程-科技发展-研究-中国②电子商务-支付方式-科技发展-研究-中国 Ⅳ. ①G203②F724.6

　　中国版本图书馆 CIP 数据核字（2020）第 080493 号

责任编辑：赵艳春 / 责任校对：王萌萌
责任印制：吴兆东 / 封面设计：迷底书装

科 学 出 版 社 出版
北京东黄城根北街 16 号
邮政编码：100717
http://www.sciencep.com

**北京虎彩文化传播有限公司** 印刷

科学出版社发行　各地新华书店经销

\*

2020 年 6 月第 一 版　开本：890×1240 A5
2020 年 6 月第一次印刷　印张：2 1/4
字数：66 000

**定价：99.00 元**
（如有印装质量问题，我社负责调换）

# 《中国电子信息工程科技发展研究》指导组

组长：

陈左宁　卢锡城

成员：

李天初　段宝岩　赵沁平　柴天佑

陈　杰　陈志杰　丁文华　费爱国

姜会林　刘泽金　谭久彬　吴曼青

余少华　张广军

# 中国信息与电子工程科技发展战略研究中心简介

中国工程院是中国工程科学技术界的最高荣誉性、咨询性学术机构，是首批国家高端智库试点建设单位，致力于研究国家经济社会发展和工程科技发展中的重大战略问题，建设在工程科技领域对国家战略决策具有重要影响力的科技智库。当今世界，以数字化、网络化、智能化为特征的信息化浪潮方兴未艾，信息技术日新月异，全面融入社会生产生活，深刻改变着全球经济格局、政治格局、安全格局，信息与电子工程科技已成为全球创新最活跃、应用最广泛、辐射带动作用最大的科技领域之一。为做好电子信息领域工程科技类发展战略研究工作，创新体制机制，整合优势资源，中国工程院、中央网信办、工业和信息化部、中国电子科技集团加强合作，于 2015 年 11 月联合成立了中国信息与电子工程科技发展战略研究中心。

中国信息与电子工程科技发展战略研究中心秉持高层次、开放式、前瞻性的发展导向，围绕电子信息工程科技发展中的全局性、综合性、战略性重要热点课题开展理论研究、应用研究与政策咨询工作，充分发挥中国工程院院士，国家部委、企事业单位和大学院所中各层面专家学者的智力优势，努力在信息与电子工程科技领域建设一流的战略思想库，为国家有关决策提供科学、前瞻和及时的建议。

# 《中国电子信息工程科技发展研究》
# 编写说明

当今世界，以数字化、网络化、智能化为特征的信息化浪潮方兴未艾，信息技术日新月异，全面融入社会生产生活，深刻改变着全球经济格局、政治格局、安全格局。电子信息工程科技作为全球创新最活跃、应用最广泛、辐射带动作用最大的科技领域之一，不仅是全球技术创新的竞争高地，也是世界各主要国家推动经济发展、谋求国家竞争优势的重要战略方向。电子信息工程科技是典型的"使能技术"，几乎是所有其他领域技术发展的重要支撑，电子信息工程科技与生物技术、新能源技术、新材料技术等交叉融合，有望引发新一轮科技革命和产业变革，给人类社会发展带来新的机遇。电子信息又是典型的"工程科技"，作为最直接、最现实的工具之一，直接将科学发现、技术创新与产业发展紧密结合，极大地加速了科学技术发展的进程，成为改变世界的重要力量。电子信息工程科技也是新中国成立 70 年来特别是改革开放 40 年来，中国经济社会快速发展的重要驱动力。在可预见的未来，电子信息工程科技的进步和创新仍将是推动人类社会发展的最重要的引擎之一。

中国工程院是国家工程科技界最高荣誉性、咨询性学术机构，把握世界科技发展大势，围绕事关科技创新发展的全局和长远问题，为国家决策提供科学、前瞻和及时的建议。履行好国家高端智库职能，是中国工程院的一项重要任务。为此，中国工程院信息与电子工程学部在陈左宁副院长、卢锡城主任和学部常委会的指导下，第一阶段(2015 年年底至 2018 年 6 月)由邬江兴、吴曼青两位院士负责，第二阶段(2018 年 9 月至今)由余少华、陆军两位院士负责，组织学部院士，动员各方面专家 300 余人，参与《中国电子信息工程科技发展研究》综合篇和专题篇(以下简称"蓝皮书")编撰工作。编撰"蓝皮书"的宗旨是：分析研究电子信息领域年度科技发展情况，综合阐述国内外年度电子信息领域重要突破及标志性成果，为我国科技人员准确把握电子信息领域发展趋势提供参考，为我国制定电子信息科技发展战略提供支撑。

"蓝皮书"编撰的指导原则有以下几条：

**(1) 写好年度增量。**电子信息工程科技涉及范围宽、发展速度快，综合篇立足"写好年度增量"，即写好新进展、新特点、新趋势。

**(2) 精选热点亮点。**我国科技发展水平正处于"跟跑""并跑""领跑"的三"跑"并存阶段。专题篇力求反映我国该领域发展特点，不片面求全，把关注重点放在发展中的"热点"和"亮点"。

**(3) 综合专题结合。**该项工作分"综合"和"专题"两部分。综合部分较宏观地讨论电子信息科技领域全球发展态势、我国发展现状和未来展望；专题部分对 13 个子领域中热点亮点方向进行具体叙述。

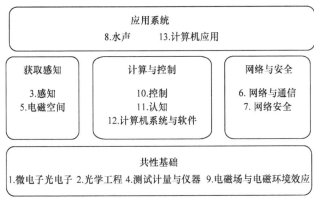

子领域归类图

5 大类和 13 个子领域如上图所示。13 个子领域的颗粒度不尽相同，但各子领域的技术点相关性强，也能较好地与学部专业分组对应。

编撰"蓝皮书"仍在尝试阶段，难免存在一些疏漏，敬请批评指正。

中国信息与电子工程科技发展战略研究中心

# 前　言

2019 年 10 月，习近平总书记在主持中央政治局第十八次集体学习时强调，把区块链作为核心技术自主创新重要突破口，加快推动区块链技术和产业创新发展。区块链技术具有难以篡改、全程可溯的技术特性，在促进数据共享、提升协同效率、降低运营成本、优化业务流程、建设可信体系等方面具有巨大的应用潜力。中国工程院信息与电子工程学部在 2019 年 12 月底发布信息领域十大技术趋势，其中第 10 条强调："区块链技术发展迅速升温，应用场景不断丰富，力图构建数字社会可信体系，并重塑人类社会价值传递方式，基于区块链发展新型数字货币成为大国热点，或将对全球金融体系产生冲击"。

近年来，全球区块链技术产业创新发展势头强劲。在国家产业政策推进下，我国区块链产业迅猛发展，区块链技术及解决方案不断推陈出新。为全方位地呈现区块链技术产业总体的发展现状、阶段性进展、政策环境、重点的应用方向及热点，以及未来技术产业发展趋势等社会各界关注的重点问题，中国信息与电子工程科技发展战略研究中心开展了区块链发展情况调研，组织撰写了《区块链技术发展专题》，为社会各界了解区块链技术、产业进展，更好运用区块链技术提供了参考。

本书分为六章。第 1 章首先介绍了区块链的概念、发展历程及其核心价值。第 2 章重点介绍了区块链技术本身的核心技术及分类。第 3 章梳理了全球及我国区块链产业发展的态势，包括政策举措、标准建设、产业主体及应用发展情况的现状。第 4、5 章总结了近期区块链技术主要的创新热点、我国发展中的热点和亮点情况。最后，第 6 章对区块链技术未来的发展进行展望。

区块链技术从创生到发展只有 11 年的历史，技术、产业应用方面都有巨大的进展。但从长远的角度看，区块链技术仍处于发展的初期，各个方面的发展有诸多难点和障碍需要突破和克服，我们也会根据全球区块链发展的情况和业界的反馈，持续跟踪和深入区块链的研究，适时更新与发布最新的研究成果。

# 目　　录

# 第1章　区块链的概念和价值

## 1.1　区块链的概念

区块链技术是通过"去中心化"的方式，由多方共同维护，由共识机制实现数据一致存储、难以篡改、防止抵赖的公共数据管理技术。不同于传统的中心化的数据管理模式，区块链网络中的每一台计算机都保留了全部的历史信息，拥有完整的数据历史。同时，网络中的所有计算机都可以验证每一条信息，最后根据"竞争"或"投票"(共识机制)，选择某个参与成员写入信息的内容，完成全网数据的更新。

区块链的参与者在多方持有、多方维护的公共数据库上独立地记录、验证每一条信息，每一个网络参与者既是数据的记录者又是数据的验证者，具有所谓"人人审核、记录共享、不可篡改、信用可验"的特性。由于网络中的"投票"和"记账"都是以"块"为单位的，而不是连续进行的，公共账本是由一块块"账本块"组成的链条，因此被称为"区块链"。

基于上述技术特点，区块链改变了中心化的传统信息验证模式，降低了"信用"的建立成本，推动互联网从传递信息向传递价值迈进。

## 1.2　区块链的发展历程

从发展历程来看，区块链的概念起源于 2008 年，由中本聪(Satoshi Nakamoto)在比特币白皮书中首先提出。2009年，中本聪发布比特币客户端并完成了记账，比特币系统正式开始运行，标志着区块链技术从理论走向实际应用，是区块链发展的 1.0 阶段。

2014 年，以太坊(Ethereum)提出了基于区块链的智能合约，极大地扩展了区块链的可编程性。用户可编写智能合约的程序并将其部署在区块链上，使得区块链从主要用于记录交易转账的"专有账本"升级为可记录程序计算结果的"通用账本"，区块链进入可编程时代，很大程度上丰富了区块链的应用潜力，是区块链发展的 2.0 阶段。

2014 年，一些大型机构开始将区块链思想引入 IT 系统的变革中，逐渐兴起了区块链与实体经济相结合的应用范式。通过增加准入控制等组件，企业家和管理人员将区块链技术应用于供应链管理、司法记录、数字版权、食药溯源等各个方面，是区块链发展的 3.0 阶段。

2019 年 12 月底，中国工程院信息与电子工程学部发布信息领域十大技术趋势，其中第 10 条强调："区块链技术发展迅速升温，应用场景不断丰富，力图构建数字社会可信体系，并重塑人类社会价值传递方式，基于区块链发展新型数字货币成为大国热点，或将对全球金融体系产生冲击"[1]。

## 1.3　区块链的价值

2015 年 10 月，《经济学人》杂志刊登了题为《区块链：信任的机器》的文章，将区块链定义为一种以机器化的方式重塑人类信任的机制。区块链技术通过数据组织算法、共识机制、点对点网络等计算机机制实现信息传播的公开透明、可追溯和难以篡改等特性，为网络参与成员带来透明、可信的数据流转基础，激发信任的产生。

区块链的信任是一种人类信任协作的新形态，是制度信任在数字时代的进化，它有着最为广泛的信任范围和更低成本的信任建立机制。正如宾夕法尼亚大学教授凯文·韦巴赫在其论述区块链信任的专著中所述"为所有的使用者提供最为一般化的信任(信用)服务是区块链最为核心的价值。"

区块链信任的基础在于各方在平权、分散的网络中，独立地记账、验证过程。各个参与者在多方持有、多方维护的公共账本上独立地记录、验证每一笔事务数据。在共识机制的作用下，每一个网络参与者都有可能成为会计(记账人)，而在交易验证的机制下，每一个网络(全节点)都是审计人。因此，区块链是一个共同记账、共同审计的网络。共识机制保证了记账的随机性、分散性、不可伪造性，交易确认验证保证了记账的合法性。

因此，区块链信任也是一种信任中介，它把人与人的信任转化为人与机器的信任，进一步说，区块链是将抽象的社会制度信任规则转化为机器语言书写的、自动执行的规则。

对于区块链的使用者来说，无需信任任何具体参与这个网络生态的成员，就可以完成对于记账和合约计算的信任。由于区块链系统健康运行，非法和无效的交易无法通过共同记账、审计的共识确认过程，因此也不存在违约和失信的情况。总的来说，区块链信任创造性地扩大了信任的范围，降低了信任的成本，为更大范围内的一体化协作开辟了新的可能。在未来的发展中，区块链信任可能与制度信任互为补充，为建设更为普遍和高效的信任体系提供保障。

# 第 2 章　区块链的核心技术与分类

区块链的技术主要涉及计算机科学、密码学、分布式系统、P2P 网络等学科理论和应用。随着区块链技术不断的升级迭代，区块链的核心关键技术框架逐渐清晰。

从技术概念上讲，区块链技术是利用块链式数据结构来验证与存储数据、利用分布式节点共识算法来生成与更新数据、利用 P2P 网络来广播和传输数据、利用密码学的方式来保证数据传输与访问的安全、利用由自动化脚本代码形成的智能合约来编程和操作数据的系统性技术。因此，区块链系统作为去中心化的分布式账本，主要涉及了账本数据结构、共识算法、P2P 网络、密码学、智能合约五项核心技术。

## 2.1　区块链的核心技术

### 2.1.1　账本数据结构

账本数据结构是将一段时间内发生的事务处理数据以区块为单位进行存储，并用密码学算法将区块按时间先后顺序连接成链条的一种新型数据结构。这种以"区块"为单位的数据结构也是"区块链"技术得名的原因。

由于后一个区块中包含着前面区块的特征信息，因此如果想要修改其中一个区块中的数据，需要将链式存储结构中的后序区块全部修改。而随着区块链中区块数量的不断增加，修改难度也不断增大。因此链式存储结构有效地提高了存储在其中的数据的防篡改和防伪造能力。

账本层有基于资产和基于账户两种数据记录方式。如表 2.1 所示。基于资产的模型中，首先以资产为核心进行建模，然后记录资产的所有权，即所有权是资产的一个字段。基于账户的模型中，建立账户作为资产和交易的对象，资产是账户下的一个字段。相比而言，基于账户的数据模型可以更方便地记录、查询账户相关信息，基于资产的数据模型可以更好地适应并发环境。为了获取高并发的处理性能，且及时查询到账户的状态信息，多个区块链平台正向两种数据模型的混合模式发展。

表 2.1　账本层两种模型对比

|  | 基于资产 | 基于账户 |
|---|---|---|
| 建模对象 | 资产 | 用户 |
| 记录内容 | 记录资产的所有权 | 记录账户操作 |
| 系统中心 | 交易(transaction) | 事件(操作) |
| 计算重心 | 计算发生在客户端 | 计算发生在节点 |
| 判断依赖 | 方便判断交易依赖 | 较难判断交易依赖 |
| 并行 | 适合并行 | 较难并行 |
| 账户管理 | 难以管理账户元数据 | 方便管理账户元数据 |
| 客户端 | 客户端复杂 | 客户端简单 |
| 举例 | 比特币、R3 Corda | 以太坊、超级账本 Fabric |

随着区块链系统存储总量的不断增加，区块链存储及

节点的可扩展性问题逐渐凸显。对于这一问题的解决方案主要分为两个方向：一是通过弱化区块链的可追溯性来降低单链的存储负担，如归档功能通过删除部分冷数据来减少存储量；二是通过多链融合和跨链互操作实现区块链系统的可扩展，如同构多链和异构多链。其中，多链协同成为主要发展方向。新版架构图在账本层添加了这两类扩展方向。

## 2.1.2　共识算法

共识算法用于协调系统中节点的行为和保持数据一致性。在不可信环境中组建的分布式系统，由于节点自身的不可靠性和节点间通信的不稳定性，甚至节点伪造信息进行恶意响应，节点之间容易存在数据状态不一致性的问题。通过共识算法，区块链协调多个互不信任的节点的行为和状态，由此在不可信环境中组建一个可靠的系统。

共识算法是基于节点行为假设、治理模型和节点网络规模等要素设计。本质上，链上业务的特性和网络节点角色的定位决定了共识算法的选择。随着节点参与角色的多样化和业务交互特点的细分，出现了不同的网络假设和治理模型，是共识的探索方向。这个方向催生了共识算法在共识顺序、共识轮次、终局性和节点选择方式等方向的差异，形成多样化发展的态势。区块链共识机制的演变也印证了这一点。

在区块链发展初期，主流区块链网络多用基于工作量证明(Proof of Work, PoW)的共识算法。由于 PoW 存在资源浪费问题，2017 年后基于权益证明(Proof of Stake, PoS)的共识算法研究得到了迅猛的发展。单一共识算法均具有自身局限性，例如 PoW 共识效率低，委托权益证明(Delegated Proof of Stake，DPoS)去中心化程度较低等，区块链研究者尝试将两种或者多种共识算法融合起来，取长补短，来达到更好的共识特性。新一代的共识算法，比如 Algorand、DFINITY 等都属于混合共识算法，如表 2.2 所示。

**表 2.2 主流共识算法比较**

| 算法 | 可容忍的恶意节点数量 | 终局性 | 网络复杂度 ($O$ 为消息复杂度、$N$ 为网络规模) | 实例 |
|---|---|---|---|---|
| PoW | 小于 1/2 | 算法不提供终局性 | $O(N)$ | Bitcoin |
| Tendermint | 小于 1/3 | 通过 BFT 实现 | $O(N^2)$ | Cosmos |
| Algorand | 小于 1/3 | 通过 Byzantine Agreement 实现 | $O(N \times \log N)$ | Algorand |
| EOS DPoS | 小于 1/3 | 通过 BFT 实现 | $O(1)$ | EOS |
| DFINITY | 小于 1/3 | 对若干历史区块的加权评估 | $O(N \times \log N)$ | DFINITY |
| PoW-DAG | 小于 1/2 | 算法不提供终局性 | $O(N)$ | PHANTOM Conflux |

### 2.1.3 点对点(P2P)网络

点对点(P2P)是指网络中的每个节点的地位都是平等的，每个节点既可充当服务器功能，为其他节点提供服务，同时也可享用其他节点提供的服务。P2P 网络中的资源与服务分散在所有节点上，信息的传输与服务的实现都直接在节点之间进行，无需中间环节和服务器介入，避免了可能的瓶颈，凸显了网络可扩展性、健壮性等方面的优势。

区块链中的各节点是典型的相互平等、不分主次的服务器网络，通过 P2P 通信机制可以实现节点间数据就近快速同步的效果，同时也提高了整个区块链抗网络攻击的能力。

## 2.1.4　密码学

密码学技术可以确保事务数据信息难篡改以及针对事务发起人进行身份验证，同时在联盟链的场景下，密码学技术可以为区块链系统带来准入机制，让节点间完成验证互认。一般区块链系统常用的密码学算法包括哈希算法与非对称加密算法等。

哈希算法是一类加密算法的统称，是信息领域中非常基础也比较常用的技术，在应用过程中一般具备四个特点：

第一，哈希算法具有单向性，即输入值经过哈希算法计算可以很容易得到输出值，但我们很难根据输出值去反推对应的输入值是什么，正如一块玻璃很容易被砸碎，但却很难将全部破碎的玻璃片重新拼凑成一块完成的玻璃；

第二，哈希算法计算时间短，无论原始的数据有多大，哈希算法的计算时间一般在可接受的范围内；

第三，哈希算法输入敏感，即输入值只要稍微修改一点信息内容，最终产生的输出值一般会有很大的不同；

第四，哈希算法输出值大小固定，即任意长度的输入值，经过哈希算法计算，最终会得到固定长度的输出值。

通过运用以上的技术特点，哈希算法可实现正向计算快速，逆向推导困难，并且因为输入敏感，最终的输出值有一定的碰撞阻力，以保证输出哈希值可以代替原始输入值，减小验证难度和传输成本。

在区块链系统中，一般将哈希算法运用在事务数据验证与构建区块等过程中。比如事务数据验证，通过结合哈希算法，可将交易信息压缩为定长输出，生成数据摘要，降低传输成本，同时保证数据真实性，提高验证的效率。

非对称加密算法是指加密与解密使用不同的两个密钥。两个密钥在数学上相关联，其中可以公开的密钥，一般称为公钥；不能公开的密钥，一般称为私钥，由用户自行秘密保管。但两个密钥之间存在不对称性，拥有私钥可轻松计算出公钥，反之则不行，公钥几乎无法反向计算出私钥。

在区块链网络中，每个用户都拥有唯一的一对公钥和私钥。公钥就像银行卡号可以被公开，私钥是非公开的私有部分，就像银行卡对应的个人账户密码。简单来讲，在区块链中，谁控制了私钥，谁就掌握了这个私钥所对应账户中的所有数据。非对称加密在区块链系统中典型的应用是交易的签署与验签，交易发起方用私钥对原始交易信息签名，并将签名后的交易和公钥广播，各节点接收到交易后可以用公钥验证交易是否合法。在这个过程中交易发起方无须暴露自己的私钥，从而实现保密目的。

### 2.1.5　智能合约

智能合约是指一段部署在区块链上可自动运行的程序，可以自动地执行预先定义好的规则和条款，减少人为干预的风险，提升交易执行的安全与可信程度。智能合约使得区块链获得了可编程性。智能合约的执行环境被称为智能合约引擎。

智能合约根据图灵完备①与否可以分为两类，即图灵完备和非图灵完备。影响实现图灵完备的常见原因包括：循环或递归受限、无法实现数组或更复杂的数据结构等。图灵完备的智能合约有较强适应性，可以对逻辑较复杂的业务操作进行编程，但有陷入死循环的可能。对比而言，图灵不完备的智能合约虽然不能进行复杂逻辑操作，但更加简单、高效和安全。

目前多样性竞争激烈，发展势头猛烈，应用场景也大幅增加。如表 2.3 所示为部分区块链系统的智能合约特性。智能合约不再仅仅作为区块链系统的一个技术组件，而是成了一个日益独立的新技术被研究和应用。智能合约的治理模式逐渐改善并被业内接受，公平治理成为新趋势。新版架构图在智能合约层添加了这两类发展方向。多种成熟虚拟机和解释器被引入智能合约应用，如 JVM 和 Python。

表 2.3　部分区块链系统的智能合约特性

| 区块链平台 | 是否图灵完备 | 开发语言 |
| --- | --- | --- |
| 比特币 | 不完备 | Bitcoin Script |
| 以太坊 | 完备 | Solidity |
| EOS | 完备 | C++ |

① 图灵完备(Turing Completeness)：指一系列操作数据的规则(如指令集、编程语言、细胞自动机)可以用来模拟单带图灵机的可计算性系统。(Gannon, Paul. Colossus: Bletchley Park's Greatest Secret. London: Atlantic Books, 2006.)

| 区块链平台 | 是否图灵完备 | 开发语言 |
|---|---|---|
| Hyperledger Fabric | 完备 | Go |
| Hyperledger Sawtooth | 完备 | Python |
| R3 Corda | 完备 | Kotlin/Java |

智能合约是区块链安全的"重灾区"。从历次智能合约漏洞引发的安全事件看，合约编写存在较多安全漏洞，对其安全性带来了巨大挑战。

## 2.2　区块链的分类

区块链从内在性质来讲，是一个多方参与、维护的系统。一般来说，区块链可以按照参与方的准入范围，分为公有链和许可链。公有链无任何准入门槛，任何人均可加入网络；许可链有准入机制，需要许可才能加入的区块链网络。

### 2.2.1　公有链(Public Blockchain)

公有链也称无许可区块链(Permissionless Blockchain)，是无任何准入门槛，任何人都可以参与、无访问限制的区块链网络。在网络中的每个用户都可以在公有链上发布、验证、接收交易，都可以竞争记账权，且交易经过全网的节点共识，最终所有节点均可拥有全部账本数据。公有链的技术升级与维护完全交由公共社区完成；一般的公有链代码是开源的，接受公众审查与监督。公有链的代表项目包括比特币与以太坊，比特币是一种任何人可记录与验证的去中心化难篡改的账本，创造了不依赖于中央机构的点对点电子现金系统；以太坊则延伸了比特币的概念，使在全球范围的多个计算机上运行代码、验证、存储和复制业务数据成为现实。

公有链有着如下四个核心特征：从人的角度出发，记账公共化，所有用户都可以竞争记账权，检查交易的合法性；从数据的角度出发，链上数据公开透明，任何人都可以拥有全部历史数据的账本；从代码的角度出发，公有链的治理(包括维护、技术升级)由公共社区完成；从价值的角度出发，参与贡献的人可获得相应的经济奖励。

公有链通过将账本公共化、记账公共化、治理公共化，激励公共化，可以为所有使用者提供最为一般化的信任服务。公有链所带来的自发性信任，简单来说源于其设计过程中的共享原则，为聚集社区和持续发展，设计了经济激励原则。系统中参与贡献的人可获得相应的经济奖励。但公有链本身并没有某种资产注入来支付奖励，而是系统自我发行了一种"资产"，即系统代币来支付给记账节点。这种系统代币是使用系统服务的凭证。因此，公有链系统资产本身的价值与本身系统的健壮性、应用生态、用户结构以及外部市场、投资者心理都有很大关系，经常出现大幅波动，带来投机与炒作的空间。

目前来看，公有链的使用场景较为有限，仅能在纯粹记账和封闭性合约的领域中使用，灵活度较低，还需较长的发展过程。

### 2.2.2 许可链(Permissioned Blockchain)

许可链是具有成员管控机制的区块链，主要分为联盟链和私有链，目前联盟链是主要的发展和应用方向。联盟链的发展可追溯到 2014 年，以 R3、Hyperledger 为代表的大型机构认识到区块链可与比特币脱钩，并将其用于各种组织间协作的场景中，逐渐兴起了联盟链的范式。联盟链存在准入机制，是在多机构组织间的区块链网络。联盟链从技术上采取多中心式，参与成员需通过准入机制，由于联盟链一般共识范围较小，因此拥有更好的系统性能。

联盟链的设计，使得交易数据的发布、验证、接收等操作运转在多机构组织之间。一般情况下仅对联盟内的成员开放，有关记账权取决于联盟规则，但最终的账本数据由整个网络的组织机构共同维护。同时联盟链的治理问题则完全交由联盟内部决定，一般包括多方主导或者采用民主协商方式进行公平治理，通过在联盟内多组织间实现共有账本、共建记账、协作治理的方式，在联盟范围内建立可信基础。同时账本数据多方冗余存储可带来难篡改特性，从而提升多方业务协同运作效率，建立机构间的信任基石。

联盟内通过对交易数据多方共识，来保证业务数据的高效多方验证。并且各个机构均搭建网络节点，使得数据可以去中心化存储在各个机构之中，通过多方冗余保管的方式，提高数据篡改门槛。因此，只要联盟链系统稳定运行，非法交易无法通过全部机构的共识确认过程，就可提高数据在机构间的可信流转。

# 第3章 区块链产业发展态势

## 3.1 全球区块链产业发展状况

### 3.1.1 各国竞相布局区块链产业制高点，监管体系不断完善

区块链技术将在未来 10～15 年内对人类社会和经济发展带来深远的影响。根据欧盟科学中心报告《区块链：当前和未来》显示，2014 年全球对区块链初创公司的投资为 4500 万欧元，2017 年为 39 亿欧元，2018 年为 74 亿欧元，全球资本对区块链初创公司的投资呈现稳步增加的趋势。投资的增长也带来了全球区块链初创企业数量的激增。

在图 3.1 显示的区块链初创企业数量和份额分布中，截至 2018 年 12 月 31 日，区块链初创企业数量排名前五的国家分别是，美国较多，共 345 家，占全球区块链初创生态系统 28% 的份额；中国第二，333 家，接近 28% 份额；欧盟第三，187 家，占 15% 份额；加拿大第四，28 家，占 2%；以色列第五，21 家，占 2%。

全球知名的区块链创业公司一半以上都来自美国，覆盖了区块链的全产业链，例如数字资产交易所 Coinbase、数字货币储存及兑换应用 Circle、跨境支付 ripple、跨链交易 blockstream、金融区块链应用 chain、Stellar、Filecoin、Align Commerce、PeerNova、Bitfury、Veem、Chronicled、

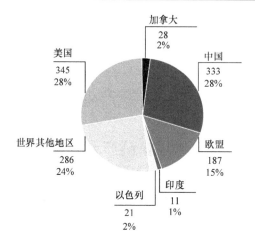

图 3.1 2009～2018 年全球主要参与者在区块链初创生态系统中的
企业数量和份额

Skuchain、Blockai、BlockCypher、ShoCard、Augur、OX、
Uphold 等。

在图 3.2 显示的区块链初创企业数量趋势中，2010～

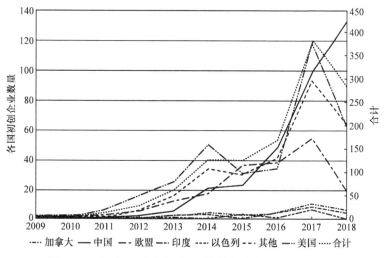

图 3.2 全球主要参与者区块链初创企业总数趋势

2017 年，全球区块链行业初创企业的数量在美国、中国和欧盟的增长速度最为明显，从全球范围整体来看，一直保持着每年 40%左右的增长速度。但在 2018 年，全球范围增长速度开始呈现非常明显的下降情况，中国是唯一一个区块链初创公司数量增长速度仍然呈现上升的国家[2]。

图 3.3 区块链初创企业的领域分布显示，目前全球区块链初创企业按照主要从事的经济活动可以分为两大类，一类是商业和金融服务(Business and Financial Service)公司，数量为 672 家，这类的经济行为包括金融支付、数据管理、交易处理、投资、广告和营销等。另一类是信息技术(Information Technology)公司，数量为 568 家，这类公司是为垂直市场应用程序、企业应用程序、数据库、网络管理以及医疗保健进行软件开发的 IT 公司[2]。

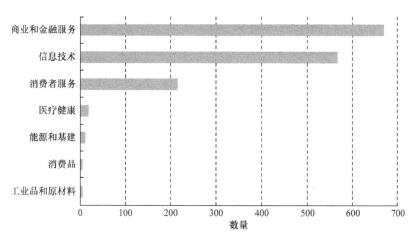

图 3.3  区块链初创企业的领域分布

通过图 3.4 分析全球区块链初创企业行业细分情况，我们可以发现，中国是初创企业数量的领头羊，初创企业所涉及的业务分布也呈现多元化特点。从图 3.4 可见，约 35%的企业从事金融服务，约 16%的企业从事消费者信息服务，约 16%的企业从事相关业务支持，约 12%的企业从事媒体及其内容生产领域。总体而言，中国区块链公司关注的区块链应用大部分与消费者应用有关[2]。除中国外的其他地区区块链行业分布情况并未呈现出这种多元化，而是具有趋同性。例如，在美国、欧盟地区，70%以上的初创公司都集中在金融服务软件及其相关软件开发，还有 10% 的企业是从事其他的消费信息服务、媒体等行业。

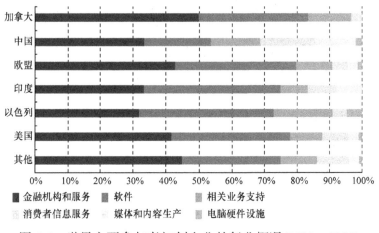

图 3.4　世界主要参与者初创企业的行业概况(2009～2018)

2019 年以前，各国政府的监管表现还明显比市场慢半拍，2019 年 Facebook Libra 项目则引发了全球政府对区块链和加密货币监管的态度转变。2019 年 6 月 18 日，Facebook 发布加密货币项目天秤币(Libra)白皮书，迎来了世界各国监管者的争议，刺激了世界各国的监管神经，目前多国金融监管机构已明确表明了对 Libra 的抵制。同时，各国政府也开始转变态度，正在成为监管区块链行业发展的积极推动者。

美国政府整体对于区块链技术保持谨慎的监管态度，一方面美国政府肯定区块链技术创新的应用潜力，另一方面也在探索对加密数字货币的监管政策。2018～2019 年美国参众两院召开了至少六次听证会，探讨加密数字货币的定义以及给资产监管带来的挑战。2019 年，美国证券交易委员会(SEC)、美国商品期货交易委员会(CFTC)，以及美国国会陆续发布了一些指导方针，为 2020 年美国区块链和数字货币法规的发展提供了路线图。

2019 年 4 月，美国证券交易委员会针对通证(Token)发行方发布了指导方针，旨在解释监管机构如何将数字资产认定为证券的一些要素。7 月，《区块链促进法案》得到了美国国会的批准，这项法案对保持美国在区块链技术创新和应用方面的全球领先地位[3]具有非常重要的意义，根据该法案，联邦政府将推动区块链技术在非金融领域的深度应用，同时政府还将成立一个区块链工作组，以推动区块链技术定义及标准的制定和统一。7 月，CFTC 批准提供实物结算的比特币期货合约衍生品交易平台 LedgerX，及加密衍生品供应商 ErisX 的申请，授予其衍生品清算机构(DCO)牌照，这意味着现在 ErisX 可以在美国监管机构的支持下推出加密货币期货产品。12 月，福布斯发布文章称美国国会正在起草和讨论《2020 年加密货币法案》，其目的是澄清哪些联邦机构可以监管数字资产。

美国各州根据本州的数字经济发展状况来制定监管政策，造成了美国对区块链态度的多样化。整体而言，其监管方向可归纳为三方面，一是承认区块链技术的有效性及其在商业和数字签名中的应用。例如，华盛顿州修改立法为区块链技术提供定义。内华达州法案要求所有州机构接受区块链记录作为常规记录的替代，接受在内华达州注册的公司使用区块链来保存所有商业记录和公司文件。二是为加密货币进行了定义，内华达州、科罗拉多州法案阐明虚拟货币是一种无形产品，不受现行税法征税。怀俄明州将数字资产归类为财产，蒙大拿州将公用事业代币定义为在区块链创建和记录的数字单元，可以在没有第三方参与的情况下进行交易。三是鼓励区块链技术应用发展，内华达州规定了临时监管豁免，初创公司可以确定其产品的市场可行性，伊利诺伊州允许当地政府实体可以在法律允许范围使用区块链技术相关服务。

区块链技术的迅猛发展在欧盟政策监管层面也受到关注。最初欧盟政策聚焦于加密资产和虚拟资产问题。2016年11月，欧盟委员会与欧洲议会成立金融科技分布式账本技术特别小组。2017年3月，欧盟委员会召开金融科技公共咨询会，目的在于向利益相关方征询金融科技发展政策的意见。2018年3月，欧盟委员会出台了金融科技行动计划(FinTech Action Plan)，行动计划认为，区块链技术处于发展初期，过于宽泛的立法或监管行动并不适宜，因此该计划仅划定基本的技术条件，以免遏制创新。跟随行动计划，欧盟相继出台了大量针对性机制，如建立欧盟区块链最佳实践，利用监管沙盒设立一般性原则和标准等。

2019年9月，欧盟科学中心在举行的经济合作与发展组织(OECD)区块链论坛上发布报告《区块链：当前和未来》，这份报告由欧盟科学中心联合研究中心的 14 名研究人员共同编写，有研究人员认为，该报告表明欧盟已经认识到区块链将对经济、行业、社会当前和未来产生广泛的变化和深刻的影响，而此前欧盟对区块链技术的关注度从未提升到政策层面。这份报告探讨了区块链技术在多个领域应用和潜在应用的多维度分析。报告显示，欧盟政策制定者正在寻找区块链的解决方案，欧盟委员会正支持多个利益相关方收集行业、初创公司、政府、国际组织和社会的倡议，这些倡议范围涵盖一系列应用，包括访问管理数据、实时报告、身份管理和供应链。

　　欧盟各国对区块链监管的参与度也在不断提升。英国在监管层面独树一帜。2015 年，英国推出了监管沙盒，用于控制包括区块链在内的金融科技领域新型风险，持续鼓励技术创新。2016 年 1 月，英国政府发布了一份关于区块链技术的重要报告——《分布式账本技术：超越区块链》，这是当时全球唯一的由一国政府发布的区块链报告。2019 年，英国制定了针对加密资产监管的最终指南，明确了哪些代币属于其管辖范围，这是正规的加密资产监管指南。法国也于 2019 年颁发了新加密法 *PACTE*，区块链初企在接受监管的前提下，授予其开设银行账户的权利。德国联邦政府于 2019 年 9 月正式发布了《德国联邦政府区块链战略》，该战略明确了区块链技术在德国的行动措施，其中包括立法促进金融业区块链稳定和创新，推进能源业、行政项目、数字身份、可持续项目和其他领域的项目应用，探索区块链合作模式下新的法律框架建设，积极推进区块链技术标准和认证，促进区块链人才和技术交流等。

日本和韩国是亚洲国家区块链发展的突出代表。日本在区块链领域已经形成了政府、金融机构、上市企业和传统企业在法律层面、基础设施层面、应用层面等多方联动的局面。日本政府不断完善交易平台牌照机制，规定商业化用途的区块链场景必须强制登记，受国家监管机构管辖，以推进区块链项目的合规性。总体来看，日本比较支持区块链各种落地应用发展，在区块链监管领域走在世界的前列。韩国目前是以监管传统银行的方式监管数字资产交易平台，对于数字资产流通的监管自 2018 年后逐渐放宽。同时，由于韩国独特的经济体制(大企业掌握经济命脉)，大多数合规区块链项目的背后都有大企业的支持。

澳大利亚于 2019 年发布了国家区块链产业发展路线图，该路线图将加强对区块链产业的监管引导、技能培训和能力建设，加大产业投资力度，增强国际合作，提升产业竞争力。路线图将区块链整合到政府和金融部门，加快政府的数字化转型，确保澳大利亚在该技术领域保持领先地位。

印度政府的政策智囊团 NITI Aayog 于 2020 年发布了国家区块链政策草案文件，称为《区块链——印度战略》，该战略文件以政府、企业领导人和公民等利益相关者为中心，旨在揭开围绕区块链技术的概念的神秘面纱，为区块链技术制定一个具体的国家行动计划。政策文件的发布分为两个部分。第一部分涉及基本概念、信任系统、智能契约、区块链的经济潜力和不同用例等方面。NITI Aayog 表示，目前已经在四个领域进行了概念验证，试图更好地了解实现区块链技术可能会遇到的障碍。试点项目包括药品供应链的跟踪和追踪、肥料补贴支出的索赔核实和批准、大学证书的核查和土地记录的转让。然而，据 NITI Aayog 称，为了大规模部署区块链，私营和公共部门需要一些法律和监管上的修改。战略的第二部分重点是建议把印度建设成一个充满活力的区块链的生态系统，包括如何建立区块链国家基础设施的政策解决方案，如何在政府机构采购流程中采用区块链技术。

### 3.1.2　区块链与实体经济融合成为主旋律，巨头企业纷纷入局

欧盟委员会下属的联合研究中心(Joint Research Center)于 2019 年 9 月发布了一份区块链研究报告,题为《区块链：现在与未来——多维度评估分布式记账技术影响力》。报告指出区块链技术已经并将继续对全球经济、社会和文化生活产生广泛影响。尽管区块链曾一度被炒作和夸大，但现如今，该技术对各行业的影响已开始逐步显现，并有望成为未来 10~15 年对全球产业及社会生产生活产生深刻影响的技术之一。

该报告分析了全球范围内区块链技术在金融、贸易、供应链、先进制造、能源、数字技术、医疗与健康、政府治理及公共服务等多个领域的实际应用情况。报告总结出区块链技术具有三个方面的优势。一是降低中间过程的交易成本，提高交易效率和安全性。西班牙桑坦德银行曾预测，区块链技术将帮助全球银行业每年节省基础设施投资 150 亿~200 亿美元。二是提高数据透明度和安全性，实现数据可追溯，预防数据欺骗。例如，基于区块链的供应链系统可以促进全

球供应链的协助，包括各类相互信任或不信任的主体，如，生产者、零售商、分销商、运输商和消费者。三是智能合约保障交易过程的自动执行。在能源行业，基于区块链技术和智能合约的能源交易系统正在改变传统集中式的能源系统，使分散化的本地生产-本地消费成为可能[4]。

当前，全球科技巨头、金融巨头及传统行业巨头加快布局区块链领域。2013 年起，Google 围绕加密货币支付、金融科技领域，共投资 7 家公司，包括 Ripple，Buttercoin 等。微软于 2015 年以 Azure 云服务为基础，推出区块链即服务(BaaS)平台。IBM 从 2016 年开始投资区块链企业。2019 年 IBM 重点布局个人数据管理、数字化广告、数字资产管理等领域，先后投资了 MetaMe、Lucidity、Securitize 等公司。2019 年 2 月，Facebook 宣布收购 Chainspace 公司。这是 Facebook 首次收购区块链领域公司。Chainspace 公司由来自 University College London 的研究者创建，其创新的智能合约系统应用在支付领域，可提高交易处理速度。2019 年 6 月，Facebook 宣布正式启动数字加密货币天秤币(Libra)项目，旨在建立一种简单、无国界的数字货币和金融基础设施，为数十亿人提供一种新的无国界、低成本、普惠的金融服务。在金融领域，各国金融巨头很早就开始布局区块链产业。2015 年，高盛、J.P.Morgan 开始投资区块链公司。高盛投资了 AXONI、BitGo、Digital Asset Holdings、Circle。J.P.Morgan 投资了 AXONI、R3 和 Digital Asset Holdings。

经过多年发展，全球已形成几个由巨头企业引领的区块链生态联盟，涉及物流运输、金融、开源软件等重要领域。其中，专注于区块链技术研究推进的联盟，包括：R3、

HyperLedger、Enterprise Ethereum Alliance。R3 成立于 2014
年，其构建的区块链生态系统是全球最大的区块链联盟之
一。成员规模达到 386 家，涵盖金融、教育、能源、食品、
保险、法律等多个领域。在垂直行业应用方面，形成专注
于行业技术解决方案的联盟，如 TradeLens、银行间互联信
息网络(Interbank Information Network，IIN)联盟等。IIN 联
盟由 J.P. Morgan 于 2017 年发起，现有成员 345 家，利用
区块链技术进行跨境支付、银行间信息共享。TradeLens
由 IBM、马士基发起，吸引全球远洋运输企业、港口企业
数量超过 100 家，联盟成员规模已达到全球远洋运输市场
的 20%。

### 3.1.3　标准体系加速构建，话语权争夺日渐激烈

自 2016 年起，伴随着区块链技术和应用的快速发展，
全球各国际标准化组织纷纷研究或启动区块链标准化相关
工作。国际标准化组织(ISO)、国际电信联盟标准化工作组
(ITU-T)等标准组织加快区块链标准研究和制定，目前已在
一些关键性标准研制方面取得一系列进展。

2016 年 4 月，在国际标准化组织(ISO)下，澳大利亚标
准化协会提出成立新的区块链技术委员会，开展面向互操
作性、术语、隐私、安全和审计的区块链标准化工作。上
述提案于 2016 年 9 月通过，国际标准化组织任命澳大利亚
标准化协会为 ISO/TC 307 秘书处。截至 2020 年 1 月，已
有 43 个参与国和 13 个观察国，成立了 6 个工作组、1 个
特别工作组和 1 个研究组，涉及基础、安全和隐私保护、
智能合约、治理、审计等方向，主要由英国、法国、美国、

澳大利亚等国的专家担任牵头人。目前，ISO/TC 307 已立项术语、参考架构、分类和本体等方面的 11 项标准，其中已发布 1 项题为《区块链和分布式记账技术系统中智能合约的交互概述》的技术报告。

ITU-T 于 2017 年启动区块链标准化研究工作，成立了分布式账本技术焦点组，开始在术语、用例、架构、评测、安全、监管等方面研究，2019 年 8 月完成并发布了 8 份研究成果。此外，ITU-T 还先后在第十六和第十七研究组设立了专门课题组，第十三、第二十研究组也启动了区块链相关的国际标准化工作，目前共启动了 20 多个国际建议书，多个项目即将进入报批阶段。电气电子工程师学会标准协会(IEEE-SA)自 2017 年启动了在区块链领域的标准和项目探索，已立项《区块链在物联网中的应用框架》等多项标准，开展了区块链技术在数字惠普、数字身份、资产交易及互操作等方向的标准化研究。

同时，电气电子工程师学会标准协会(IEEE-SA)自 2017 年启动了在区块链领域的标准和项目探索，目前有 6 项标准已立项。其中，《区块链系统的标准数据格式》由我国专家牵头。万维网联盟(W3C)启动了 3 个区块链相关的社区组来开展区块链标准化活动，分别为区块链社区组、区块链数字资产社区组、账本间支付社区组。

## 3.2 我国产业现状分析

### 3.2.1 国家战略定位，产业政策不断完善

2016 年是中国区块链发展的元年，区块链技术被写入

《"十三五"国家信息化规划》，各级政府开始为区块链发展出台各项政策指引，推动区块链技术在各行各业的深入应用。2017～2018 年，在国务院发布的指导意见中，有 6 份文件提及要明确发展和利用区块链技术。另一方面也出台了严格的代币发行(ICO)监管政策。2017 年 9 月 4 日，央行等七部委发布了《关于防范代币发行融资风险公告》，将 ICO 定性为未经批准的非法公开融资的行为，并且责令停止。2018 年 8 月 24 日，五部委联合发文《关于防范以"虚拟货币""区块链"名义进行非法集资的风险提示》，该文件指出，不法分子打着"金融创新""区块链"的旗号，利用"虚拟货币""虚拟资产""数字资产"等方式吸收资金，侵害了公众合法权益。这标志着我国对 ICO 明确的禁止态度。

2019 年进入了中国区块链政策的爆发年。2019 年 10 月，习近平总书记在中共中央政治局就区块链技术发展现状和趋势进行第十八次集体学习时强调，要把区块链作为核心技术自主创新的重要突破口，明确主攻方向，加大投入力度，着力攻克一批关键核心技术，加快推动区块链技术和产业创新发展。区块链成为了继大数据和人工智能后，中央政治局集体学习的第三种新兴技术，体现了中央对于区块链技术的重视。

2019 年 10 月 26 日，十三届全国人大常委会第十四次会议表决通过了《中华人民共和国密码法》，并于 2020 年 1 月 1 日起实施。密码法旨在规范密码的应用和管理，促进密码事业发展，保障网络和信息安全，提升密码管理科学化、规范化、法制化的水平，是我国密码领域的综合性、基础性法律，为密码领域发展提供了一个基本的法律监管框架。区块链作为一项基于密码学的分布式账本技术，密码法的出台对于中国推动区块链技术和产业发展提供了重要的法律保护和规范指引。

上述两项重大事件，为区块链产业发展注入了强心剂，促使 2019 年下半年地方区块链政策步入快速发展期。据统计，我国 17 个省市均推出了区块链相关政策，且主要以扶持导向为主[5]。2019 年 11 月，广东省发布《广州市黄埔区、广州开发区加速区块链产业引领变革若干措施实施细则》，设立 10 亿元区块链产业发展基金；河北省、云南省、山东省、吉林省、长春市均在 11 月 1 日的地方常委会会议上，提出了加快区块链布局、推动区块链发展。

2018 年，各地区发布的政策涉及多为金融、服务、供应链等领域。从表 3.1 中可以看出，2019 年国家各部委、各地方政府进一步将区块链技术深入到其他领域，如节水、工程建设、防洪治理、智慧矫正等，同时促进已有领域进行模式转型，如交易平台、商事制度、金融监管等。

2020 年，随着金融科技和区块链的应用加深，如何把控监管尺度，成为横亘在技术创新与监管之间的重要问题。2020 年 1 月，北京市金融科技创新监管试点应用首批名单、上海金融科技中心建设实施方案先后出炉。业内人士指出，这标志着中国版金融"监管沙箱"正式走上前台。

"监管沙箱"试点是在强监管的环境下为包括区块链在内的金融科技创新项目提供一定的政策豁免，解除科技创新企业和人员的后顾之忧，同时通过事先的各项安排，充分保障金融消费者合法权益，更好地实现金融创新、合规监管与金融消费者保护的动态平衡。

**表 3.1 2019~2020 年国家部委区块链应用推广相关政策一览表**

| 发布主体 | 发布时间 | 政策/文件名称 |
|---|---|---|
| 中共中央、国务院 | 2020 年 2 月 | 中央一号文件《中共中央、国务院关于抓好"三农"领域重点工作确保如期实现全面小康的意见》 |
| 交通运输部、发展改革委、工业和信息化部、财政部、商务部、海关总署、税务总局 | 2020 年 2 月 | 《关于大力推进海运业高质量发展的指导意见》 |
| 农业农村部、中央网络安全和信息化委员会办公室 | 2020 年 1 月 | 《数字农业农村发展规划(2019—2025 年)》 |
| 国务院办公厅 | 2020 年 1 月 | 《关于支持国家级新区深化改革创新加快推动高质量发展的指导意见》 |
| 商务部等 8 部门 | 2020 年 1 月 | 《关于推动服务外包加快转型升级的指导意见》 |
| 银保监会 | 2020 年 1 月 | 《关于推动银行业和保险业高质量发展的指导意见》 |
| 最高人民法院 | 2019 年 12 月 | 《关于人民法院为中国(上海)自由贸易试验区临港新片区建设提供司法服务和保障的意见》 |
| 最高人民法院 | 2019 年 12 月 | 《关于人民法院进一步为"一带一路"建设提供司法服务和保障的意见》 |
| 中共中央、国务院 | 2019 年 12 月 | 《长江三角洲区域一体化发展规划纲要》 |
| 中共中央、国务院 | 2019 年 11 月 | 《推进贸易高质量发展的指导意见》 |
| 国务院 | 2019 年 9 月 | 《发布关于加强和规范事中事后监管的指导意见》 |
| 中共中央、国务院 | 2019 年 9 月 | 《交通强国建设纲要》 |

续表

| 发布主体 | 发布时间 | 政策/文件名称 |
|---|---|---|
| 工信部 | 2019 年 9 月 | 《工业大数据发展指导意见(征求意见稿)》 |
| 工业和信息化部、教育部、人力资源和社会保障部等 10 部门 | 2019 年 8 月 | 《关于印发加强工业互联网安全工作的指导意见的通知》 |
| 国务院 | 2019 年 8 月 | 《关于印发 6 个新设自由贸易试验区总体方案的通知》 |
| 最高人民法院 | 2019 年 6 月 | 《关于深化执行改革健全解决执行难长效机制的意见——人民法院执行工作纲要(2019—2023)》 |
| 工业和信息化部 | 2019 年 6 月 | 《工业互联网专项工作组 2019 年工作计划》 |
| 工业和信息化部 | 2019 年 4 月 | 《关于加强工业互联网安全工作的指导意见(征求意见稿)》 |
| 发展改革委、水利部 | 2019 年 4 月 | 《国家节水行动方案》 |
| 商务部等 12 部门 | 2019 年 3 月 | 《关于推进商品交易市场发展平台经济的指导意见》 |
| 工业和信息化部 | 2019 年 3 月 | 《新型信息消费示范项目遴选实施方案》 |
| 发展改革委 | 2019 年 1 月 | 《产业结构调整指导目录(2019 年本,征求意见稿)》 |

### 3.2.2　标准体系初步建立,标准研制稳步推进

当前,我国正积极推动区块链产业的透明度,经过长期跟踪研究,结合在云计算、大数据等方面已有的标准化思路,构建包括可信区块链在内的标准化体系。据不完全统计,目前有 1 项区块链相关国家标准和 10 余项行业标准处于研究或报批阶段,多项团体标准已经发布。

截至 2020 年初，在国家层面，国家标准《信息技术区块链和分布式记账技术参考架构》正在草案阶段。行业层面，由全国金融标准化技术委员会主导的《金融分布式账本技术安全规范》近日发布。中国信息通信研究院提出可信区块链系列标准，在中国通信标准化协会(CCSA)报批 2 项行业标准，完成 7 项行业标准的立项。中国电子工业标准化技术协会发布 5 项区块链团体标准。

### 3.2.3　产业主体持续壮大，上下游链条基本形成

根据中国信通院数据研究中心监测，截至 2019 年 12 月我国共有区块链相关企业 653 家。我国自 2014 年起，区块链产业公司数量快速增长，2018 年达到增长最高峰，年新成立公司 183 家。2019 年，受到国内外各方面影响，我国区块链产业发展逐步回归理性，新成立区块链企业 11 家，数量上远低于前几年水平，如图 3.5 所示。

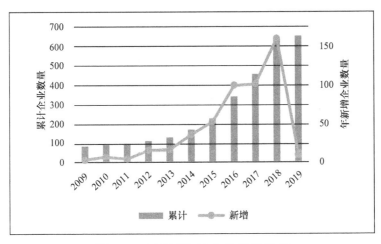

图 3.5　中国区块链企业增长趋势

我国区块链企业主要聚集在"泛金融"领域(包括金融、数字资产、供应链金融)，占比达到 43%。此外，互联网、溯源、供应链和物流、知识产权、政务及公共服务等领域，都是区块链技术的主要应用领域，如图 3.6 所示。

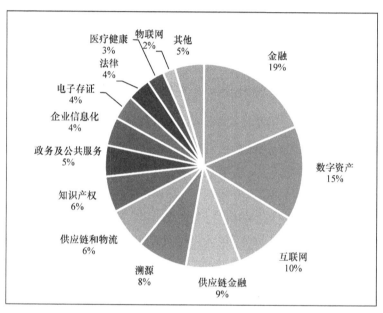

图 3.6　中国区块链企业行业应用分布

在区块链技术研发方面，我国 35% 的企业开发基于区块链技术的解决方案；17% 的企业从事基础协议研究，包括公有链、私有链、联盟链及其他基础协议技术；11% 的企业提供 BaaS 服务；此外，交易技术(含数字钱包)、安全技术、数字身份等领域也有较多企业涉及，如图 3.7 所示。

我国 ICT 行业及传统行业巨头企业积极布局区块链。2019 年，国家网信办根据《区块链信息服务管理规定》，先后发布两批区块链信息服务备案名单。该名单共列出

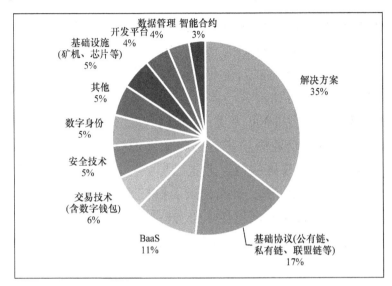

图 3.7　中国区块链企业技术领域分布

422 家机构和 506 个区块链服务平台。通过对名单中的备案企业分析可以看到，金融、供应链、互联网是应用最为集中的领域，此外还包括溯源、知识产权保护、政务/公共服务等领域。备案企业包括我国互联网、金融和制造业的巨头企业。例如，百度、阿里巴巴、腾讯、京东、华为等发布 BaaS 服务平台；中国工商银行、江苏银行、苏宁银行、平安银行等发布金融区块服务平台；美的集团、航天信息等发布电子凭证区块链服务平台[4]。

　　此外，我国科技巨头在自身原有优势领域下，积极对外投资，布局重点领域。腾讯重点关注产品溯源。2019 年 9 月，腾讯宣布投资英国区块链初创企业 Everledger。Everledger 利用区块链技术，可对特定商品建立数字标志，实现对商品的身份确认、产品溯源。阿里巴巴关注电子商务中的产品评价与金融服务中的隐私保护。2019 年 9 月，阿里巴巴参与 Bitmark 的 A 轮 300 万美元融资。Bitmark 是一家中国台湾的初创企业，研发分布式评价平台，可以管理用户、产品和服务的评价。2019 年 5 月，阿里巴巴参与 Qedit 的 A 轮 1000 万美元融资。Qedit 是一家以色列初创企业，研发企业级用户数据隐私保护技术。

同时，我国在区块链产业也已形成一批具备一定技术竞争力的初创企业。如，杭州复杂美科技有限公司、杭州趣链科技有限公司、众安信息技术服务有限公司等一批新型技术型初创企业，在全球区块链专利申请数量方面也名列前茅。

# 第4章　区块链技术创新热点

国际上区块链技术经过十余年的发展，从狭义的虚拟货币应用到目前承载各类行业应用，拓展了巨大的应用空间。但与此同时，目前的区块链技术尚难以支撑大规模商业应用的搭建，主流的区块链平台存在瓶颈和问题，驱动着业界对于区块链技术边界及新型技术方案的持续创新，包括区块链可扩展性、区块链互操作性、区块链隐私保护与安全、区块链治理技术等。如上列举的诸多问题正不断促使区块链技术迭代演进，是目前区块链技术的创新热点，值得我们持续关注。

## 4.1　区块链可扩展性

在技术上，区块链系统主要瓶颈还是性能和效率问题。低性能带来诸多问题，如交易处理延迟和费用，难以支持大规模的用户量。这限制了在区块链系统上开发更有意义的应用能力。区块链致力追求的是，在缺乏互相信任的分布式网络环境下，实现交易的安全性、公允性，达成数据的高度一致性、防篡改、防作恶、可追溯。因此付出的代价之一就是性能和效率。这引出了区块链所谓的不可能三角模型，即无法同时达到可扩展性、去中心化、安全性，三者只能取其二，需要在三个点中取一个平衡。但为了更好地支撑上层业务，当访问量扩大时区块链系统仍然可以提供良好的用户体验，区块链需要在具体的应用场景中针对扩展性寻求突破。

当前优化的思路包括三种，第一种是采用树图状拓扑数据结构代替传统的块链式数据结构。在一些关联交易少的场景，可利用同步处理并发块，且将区块组织为一种非链的有向无环图(DAG)结构。通过这样的技术，能在一个区块后连接多个区块，提升有效区块的比例，进而提升系统的整体吞吐量提升，降低交易确认的延迟，一定程度提升区块链可扩展性。

第二种常见思路为并行分片方案。分片理论支持源自数据库分片技术，传统的数据库领域分片主要用于大型商业数据库的优化。其概念就是将大型数据库中的数据划分成很多数据分片，再将这些数据分片分别存放在不同的服务器中，以减小每个服务器的数据访问压力，从而提高整个数据库系统的性能。

区块链的分片就是试图让链并行起来，将链分为多个分片链，然后通过一种负载分发机制，把交易分配给不同的分片执行，每个分片链独立运行，有独立的共识机制，通过并行的方案支撑比较强的水平扩展和按需扩展。分片技术的实现将为区块链各项事务活动的开展带来更高的协作效率与更加可信的生产方式。这种方案的难点在于跨分片的交易确认以及分片链的安全性保证。因此，应该把分片的理论和区块链的安全理论，包括密码经济学设计、激励机制设计，这些融合在一起来实现一个安全可扩展，而且高性能的区块链是一系列的非常大的挑战。分片技术包含网络分片、交易分片和状态分片。

**网络分片**：要求分片的消息只在分片内部网络中传播。

**交易分片**：不同交易将只在不同的分片中运行，每个分片运行独立的共识算法。

**状态分片**：要求分片只维护分片内部的状态数据而不需要保存其他分片的数据。

对于联盟链来说，一般对应着多链多通道的方式。因为存在准入门槛，网络规模一般小于公有链，联盟内可针对不同的业务创建对应的子链或子通道，不同的业务跑在不同的链上，同样采用分而治之的思想，提高整体网络的扩展性。

第三种常见思路为共识算法的升级演进。共识算法用于协调系统中节点的行为和保持数据一致性。在不可信环境中组建的分布式系统，由于节点自身的不可靠性和节点间通信的不稳定性，甚至节点伪造信息进行恶意响应，节点之间容易存在数据状态不一致性的问题。通过共识算法，区块链协调多个互不信任的节点的行为和状态，由此在不可信环境中组建一个可靠的系统。

在区块链发展初期，主流区块链网络多用基于PoW(Proof of Work)的共识算法。由于PoW存在资源浪费问题，2017年后基于PoS(Proof of Stake)的共识算法研究得到了迅猛的发展。单一共识算法均具有自身局限性，例如PoW共识效率低，DPoS去中心化程度较低等，区块链研究者尝试将两种或者多种共识算法融合起来，取长补短，在不同执行阶段选取合适的算法，从整体上达到更好的共识效率。同时，针对单一的共识算法，比如联盟链场景使用最多的拜占庭容错共识，通过提高并行度、减少网络消息通信量等方式，均存在一定的优化空间，可极大提升系统性能，支撑大多数业务场景。

同时，业务访问量的不断增大，随之带来数据量的递增。区块链一般采用链式累加的方式对增长的数据进行管理，但存储会随着时间推移而不断扩大，并没有上限控制，导致运行全节点需要更多的存储资源，提高了全节点的运行门槛，造成当前全节点数量减少，网络分布式程度降低。同时，存储受限于单节点的存储瓶颈，上层应用业务数据膨胀将会带来巨大的运维成本，数据迁移也将变得十分复杂。因此，链上存储是否具有良好的扩展性逐渐引起行业重视。

为了提高链上存储可扩展性，涌现的解决方案包括：

(1) 单点存储转换为多点分布式存储，将存储与计算进行隔离，从而缓解节点压力。

(2) 区块链动态维护全局状态快照，放弃维护不同高度区块对应的状态信息。通过采用链上数据裁剪等方案，实现性能提升和存储可扩展性，但这种方案会降低历史数据的追溯效率。

总之，随着区块链技术的不断发展，链上存储可扩展性需要加强研究，以便支撑业务数据爆发的场景。

## 4.2　区块链互操作性

"互联网是信息自由流通的网络，区块链则是价值自由流通的网络"，这是对区块链的一个美好愿景，就目前来说，区块链还无法做到高效互通,还不是自由流通的网络。类比 20 世纪 60 年代以局域网形式存在的计算机网络,无法与局域网范围外的计算机互联,直到 1969 年美国国防部高级研究计划局(DARPA)投入使用拥有四个节点的阿帕网络(ARPAnet),计算机之间第一次具备了同构环境下的联网能力。时间推进到 20 世纪 80 年代,TCP/IP 协议的诞生使得异构的网络之间可以彼此互联,加速了互联网的爆发。回到区块链,伴随技术的不断发展,涌现出大量项目,但大多属于高度异构状态,且在发展早期,更多聚焦在自身的技术创新与生态建设,网络逐渐被拥有特定利益的子群体隔离。因此,在当前多链并存的情况下,区块链的互操作性由于可以带来价值自由流动,促进链间协同工作,将会变得重要且充满意义,是区块链向着网络效应规模化发展的强力推手,逐步成为技术创新热点。

互操作性技术包括哈希锁定、公证人机制、侧链与中继链等技术。应用场景从双链资产互通逐步过渡到多链间全状态的自由流通,同时中继链这一融合公证人机制与侧链的技术在新型区块链互操作性平台中发挥影响力。如表 4.1 是互操作性相关技术性能对比。虽然当前区块链的网络效应初显,但仍需要技术上针对相关组件进行趋同化设计,如各链统一跨链消息的输入输出口径,构建标准消息格式,设计高效可验证的数据结构等;同时需要提升应用层交互的用户体验;增进链上与链下现实世界互操作性的认知。区块链互操作性目前处于技术发展早期,随着从业者的持续研究,将会加速技术的不断突破,带来应用的不断迭代与创新。

**表 4.1　互操作性相关技术性能对比**

| | 哈希锁定 | 公证人机制 | 侧链 | 中继链 |
|---|---|---|---|---|
| 信任模型 | 链自身安全 | 大多数诚实的公证人 | 链自身安全 | 大多数诚实的中继链验证人或接入链自身安全 |
| 传递消息类别 | 仅限资产 | 不限 | 不限 | 不限 |
| 参与链数量 | 双链 | 使用中间路由连接实现多链 | 双链 | 多链 |
| 实现难度 | 简单 | 中等 | 中等 | 困难 |
| 局限性 | 场景单一,发起人握有主动权,可挑选时机完成交易套利 | 依赖第三方公证人集合 | 有效性验证对区块数据结构有要求 | 适合拥有绝对一致性共识的链接入 |

## 4.3　区块链隐私保护与安全

通常情况下,区块链上的数据是所有参与方都公开可见的,但是在大量商业场景中,数据的暴露不符合业务规则和监管要求。因此,需要通过研究链上隐私保护技术来实现对数据的安全可控。

一个完美的具备隐私性的系统中,每笔交易的信息都仅被参与这笔交易的双方知道,而且他们除了这笔交易以外不能从中获得任何其他的信息。传统的现金交易方式可以实现非常高的隐私性,而银行转账和电子支付等方式下发生的每笔交易对于银行与相关机构来说都是可见的,必须依赖于中心化机构的自律来保证用户的隐私性。

区块链隐私保护目前主要从密码学和工程学两个方向推动。公有链方面，在记账节点验证交易的合法性的同时，对交易地址、数据等敏感信息进行保护，一般通过密码学的方法来保护隐私，例如环签名、盲签名、机密交易、零知识证明等算法。联盟链则兼顾两者，结合密码学手段，如安全多方计算；而在工程学上则采用如隐私交易、多子链实现账本隔离等方式，注重提升效率，节约计算资源，同时需考虑可监管性与授权追踪。

有关区块链安全问题上，随着理论研究的深入，区块链展现出蓬勃生命力的同时，自身的安全性问题逐渐显露，尽管区块链在底层技术上提供了可靠的安全保障，但攻击者仍能从区块链系统中找到漏洞并进行攻击。目前区块链的应用发展迫切地需要系统的安全性研究，利用多种技术措施，在账本数据、密码算法、网络通信、智能合约、硬件等方面采用技术措施保障区块链安全。

(1) 账本数据方面：为满足账本数据的一致性和可用性等安全要求，业界普遍采用数据校验、数据容灾备份等技术方案，以保证各节点数据在上链过程中的一致性，及链上数据由系统故障导致丢失损毁后及时恢复。

(2) 密码算法方面：随着区块链技术在供应链金融、司法存证、政务数据共享等对数据安全有强需求的领域推广落地，在签名验签、链上数据授权访问等业务流程中，国密加密逐渐成为区块链应用的主流选择。

(3) 网络通信方面：节点认证机制、账本隔离技术、数据分片技术等网络准入技术及网络防护不断完善，攻击者利用网络协议漏洞进行日蚀攻击、路由攻击及 DDoS 攻击(分布式拒绝服务攻击)的威胁程度在不断降低。

(4) 智能合约方面：智能合约问题主要集中在合约代码漏洞、业务逻辑漏洞、合约运行环境问题及区块链系统自身源码存在的接口漏洞等，随着形式化验证技术更加完善，代码审计手段日益丰富，由合约漏洞导致的安全事件也有所减少。

(5) 硬件方面：为平衡安全性与性能之间的矛盾，防止代码运行过程中被篡改，主流硬件供应商在近些年纷纷推出了以可信执行环境(TEE)为代表的硬件安全防护解决方案，目的是为链上数据及运行过程中产生的中间数据提供一个受保护的存储和执行环境。可信执行环境结合区块链技术，实现了一种可行的速度快、成本低的数据安全防护方案。

## 4.4　区块链治理技术

区块链治理技术是保障区块链网络能够稳定运行的基础。随着时间和环境的变化，区块链最初的设计与规则可能不再满足当下的需求，为了更好地适应环境，区块链系统需要不断地修改和升级，但由于区块链去中心化、多组织成员参与的特点，成员利益不同，区块链协议与代码规则在修改和升级的过程中往往会出现各种分歧，严重的情况下会导致网络无法正常运行，造成分裂。因此设计合理高效的治理架构有助于减少网络分裂和混乱的发生，可帮助提高软件的更新迭代效率，让区块链协议适应不断变化的环境，并提高社区成员的参与度。

对于公有链来说，治理生态通常由四种角色组成：区块链协议开发者、矿工、上层应用开发者及用户。参与者均有着不同的利益诉求，协调参与者的利益诉求十分重要。一个成熟的区块链生态，应该是多方参与各自独立、相互制约制衡，没有一方具有绝对的权利。虽然任何一方都无权单独进行决策，但参与者通过行使各自的权利不断互相博弈，最终达到动态平衡。

由于公有链生态的复杂性，任何单一的参与者都无法决定公有链生态的走向和发展，重要的决策都是通过协商完成，从决策模式来看，公有链的治理包含链上治理和链下治理两个部分。链上治理是指网络升级迭代的协商决策过程是完全嵌入在区块链系统内部，用一套自动化的机制完成的治理方式；链下治理是决策过程不发生在区块链系统之上的治理模式，其治理基础是围绕着开源社区和基金会开展。但当前公有链治理，各参与者在系统设计理念、链规则设定等方面存在理解偏差，造成消息不对称等情况出现，容易带来投机与炒作问题。

对于联盟链来说，在多方参与分工协作的同时，需要确保在链冷启动与链执行过程中职责分明、各司其职。联盟链高效治理可以增强多方在业务协作上的公平性，一般情况下分为用户体系与权限管理、链冷启动治理以及链运行时治理等。当前链冷启动阶段大多采用超级管理员牵头主导的方式，但对于链执行过程中，如何合理地实施智能合约的民主升级、链规则的安全修改、节点伸缩等，将会成为下一步联盟链探索和完善的方向。

# 第5章 我国区块链发展热点亮点

## 5.1 区块链底层平台不断涌现，技术不断提高

我国区块链技术研究得到重视，科研机构不断增多，企业研究团队不断壮大。2016 年以来，我国区块链技术快速发展，区块链底层技术研究和创新成果不断涌现，区块链研究机构也不断增长。目前，我国有区块链研究机构 80 多家，主要以高校和企业为主，集中在北京、杭州、上海、深圳、贵阳等地区。2017 年 1 月，人民银行正式成立数字货币研究所，积极部署数字货币研究工作，并申请了多项数字货币相关专利。

我国区块链技术创新取得重要成果，联盟链、公有链体系不断完善，行业规范愈发成熟。国内研究团队在底层平台，在一系列核心技术如共识算法、密码安全、性能安全等方面均有创新与突破，在一系列关键技术如可扩展性、互操作性、隐私保护与安全、区块链治理技术等方面均有一定进展。

我国自主研发的区块链平台不断涌现。随着我国区块链产业的发展，各大公司加大开发投入，自主化的区块链底层平台不断涌现。代表性平台包括杭州趣链科技的底层平台 Hyperchain；蚂蚁金服的蚂蚁区块链底层平台；腾讯区块链的 TrustSQL 平台；微众银行牵头发起成立了金融区块链

合作联盟(深圳)，联合相关企业开源了联盟链底层平台 BCOS 和 FISCO BCOS；2019 年上半年，京东区块链底层引擎 JD Chain 正式对外开源并同步上线开源社区，百度发布了自研底层区块链技术 XuperChain 并正式开源等，具体我国区块链产品见表 5.1。

**表 5.1　我国区块链产品表(排名不分先后)**

| 企业名称 | 主要产品 |
| --- | --- |
| 北京奇虎科技有限公司 | QBaaS |
| 京东数字科技控股有限公司 | 智臻链 |
| 中兴通讯股份有限公司 | Zchain 区块链平台、ZchainBaaS 平台 |
| 联动优势科技有限公司 | UChains 底层链、BaaS 云平台、供应链金融平台、保跨境理融资管理平台、金融虚拟仿真实验室、非银机构监管平台 |
| 腾讯科技(深圳)有限公司 | 区块链电子发票方案、至信链 |
| 腾讯云计算(北京)有限责任公司 | 腾讯云 TBaaS 平台、鉴证链、数链通、融资易 |
| 上海保险交易所股份有限公司 | 保交链 |
| 华为技术有限公司 | 北京市大数据目录链系统、华能智链供应链服务平台 |
| 百度在线网络技术(北京)有限公司 | 百度超级链 |
| 中国联合网络通信集团有限公司 | BaaS 平台，数据确权平台 |
| 中国移动通信集团 | 区块链平台 CMBaaS、区块链 PKI 系统 |
| 布比(北京)网络科技有限公司 | Bubichain 区块链基础服务平台、壹诺供应链金融服务平台 |
| 杭州秘猿科技有限公司 | 自主研发企业级区块链底层开源框架 CITA |

| 企业名称 | 主要产品 |
| --- | --- |
| 杭州趣链科技有限公司 | 飞洛平台、飞洛印、Hyperchain 平台、BitXMesh 平台、BitXHub 平台、MeshSec 平台 |
| 工银科技有限公司 | 工银玺链 |
| 北京金山云网络技术有限公司 | 金山云 KBaaS 平台、金山云金融服务平台 |
| 普华商业集团有限公司 | 普华基础链、普华分布式数字身份系统、PBaaS 平台、智汇糖儿童成长教育系统、分布式可信云平台、企业数字化考核系统 |
| 西安纸贵互联网科技有限公司 | 信汇通、纸数魔方、纸贵信云、纸贵版权 |
| 浙江蚂蚁小微金融服务集团有限公司 | 蚂蚁区块链平台 |
| 国网电子商务有限公司 | 电商链、央企电商联盟链、国网链 |
| 东软集团股份有限公司 | SaCa EchoTrust 区块链应用平台 |
| 顺丰科技有限公司 | 大数据平台、数据灯塔、丰暴大屏、丰溯 |
| 江苏荣泽信息科技股份有限公司 | 荣泽区块链政务协同平台、荣泽区块链精准金融平台、RBC、RBaaS |

根据可信区块链推进计划近年测试结果，2019 年，自研区块链底层平台占所有测试厂商的 50%，与 2018 年 35% 的数据相比，自主化程度有所提升。

我国区块链专利数量不断攀升，专利布局领域不断拓展，专利申请数量不断增多。从 2013 年起，截止到 2018 年 12 月 20 日，全球已公开的区块链专利申请达到 8996 件(合并同族 7347 件)，其中中国区块链专利申请达到 4435 件(合并同族 4156 件)。由于专利公开具有滞后性，真实区块链专利数量其实更多。从 2013 年到 2018 年，全球区块链专利年均增长率 276%，我国为 321%。

中国是在亚洲内布局区块链专利最多的国家，亚洲区块链专利中 85%都是中国大陆境内申请布局，凸显中国区块链未来的热点市场地位。中国区块链专利申请量的高速增长(其中也包含外国企业在中国的申请)，不仅代表着我国区块链的活跃度、对高新技术的重视与发展，而且也预示着在区块链领域我国有望掌握更多的话语权，国际地位进一步提升。

## 5.2 与实体经济深度结合，应用落地开花

各地积极出台相关政策，侧重点更加明确，具体规划更为清晰。根据中国信息通信研究院数据统计，2019 年两会期间，各地代表提交的有关区块链相关提案 30 余条。截至 2019 年 5 月，北京、上海、江苏、浙江、广东、山东、贵州等全国超过 30 个省市地区发布政策指导文件，开展区块链产业链布局。[6]

2018 年，各城市出台专项政策，其基本思路主要是"筑巢引凤"以培育区块链产业生态。通过 2018 年的项目试水、政策效果反馈，2019 年各地政府对待区块链的态度更加严谨、务实，聚焦于如何将区块链技术与地方特色相结合，寻找实际落地场景，在服务经济社会发展中发挥作用，如表 5.2 所示。

**表 5.2　我国各地方区块链项目梳理**[6]

| 省/市 | 项目时间 | 项目内容 |
|---|---|---|
| 北京 | 2018.6 | 国家工信安全中心发布电子数据保全平台, 利用区块链进行验证和追溯 |
| | 2018.12 | 北京市顺义区住建委上线"棚改项目全生命周期智慧监管信息平台" |
| | 2018.12 | 北京互联网法院"天平链"正式发布 |
| | 2019.1 | 百度运用区块链等技术将北京海淀公园升级改造完毕, 推出了全国首个 AI 公园 |
| | 2019.4 | 北京市海淀区基于区块链等技术在二手房交易和京籍存量房交易等场景实现了"不动产登记 + 用电过户"多项业务同步办理 |
| 杭州 | 2018.3 | 中钞信用卡产业发展有限公司杭州区块链技术研究院发布络谱区块链登记开放平台, 致力于基于区块链技术, 建立数字身份、可信数据、数字凭证, 实现可信协作 |
| | 2018.9 | 杭州互联网法院运行的司法区块链系统正式上线 |
| | 2018.9 | 杭州市江干区法院召开杭州大世界五金城有限公司债权人大会, 此次会议的在线投票数据均写入络谱区块链登记开放平台 |
| | 2018.12 | 中国移动杭州分公司与杭州市政府合作, 共同建设了基于区块链技术的"中小学直饮水系统"工程 |
| | 2019.1 | 杭州市西湖区检察院与蚂蚁区块链共同研发检察区块链取证设备并投入使用。该设备融合了物联网和区块链技术, 能自动生成取证报告并对电子数据的完整性、真实性进行区块链认证 |
| | 2019.3 | 杭州地铁联合支付宝推出基于区块链技术的电子发票 |
| | 2019.6 | 杭州互联网法院上线"5G+区块链"涉网执行新模式 |

续表

| 省/市 | 项目时间 | 项目内容 |
|---|---|---|
| 浙江 | 2019.4 | 浙江区块链公证摇号系统上线测试,并于 5 月正式启动运营 |
| | 2019.6 | 浙江省财政厅发起的区块链电子票据平台上线 |
| 上海 | 2019.2 | 上海市浦东新区人民法院在案件审理中采纳由司法联盟链 IP360 保存的电子证据,并将其作为审判依据 |
| | 2019.3 | 上海市静安区"静安体育公益配送"平台正式上线 |
| 深圳 | 2018.8 | 全国首张区块链电子发票在深圳亮相。区块链电子发票由深圳市税务局主导,腾讯提供底层技术,是全国首个"区块链+发票"生态体系应用研究成果 |
| | 2018.9 | "粤港澳大湾区贸易金融区块链平台"在深圳试运 |
| | 2019.1 | 深圳市推出"i 深圳",利用区块链打造区块链电子卡证平台 |
| | 2019.3 | 北海渔村上线区块链电子发票产品,解决了商户对税控设备及电脑管理麻烦的痛点,是深圳税局基于 POS 机产生的电子发票产品 |
| 广州 | 2017.10 | 微众银行联合广州仲裁委、杭州亦笔科技三方基于区块链技术搭建的"仲裁链"上线 |
| | 2018.2 | 广州仲裁委基于"仲裁链"出具了业内首个裁决书 |
| | 2018.6 | 广州市黄埔区(广州开发区)税务局推出了广州首个"税链"区块链电子发票平台 |
| | 2018.10 | 广州开发区上线"政策公信链" |
| | 2019.3 | 广州互联网法院"网通法链"智慧信用生态系统正式上线 |
| | 2019.4 | 广州市黄埔区新上线商事服务区块链平台。该平台综合了黄埔区既有的惠企政策,打造了基于区块链的共享式登记网 |
| | 2019.6 | 广州市中级人民法院智慧破产审理系统上线,该系统实现了全国破产审判区块链协同平台 |

续表

| 省/市 | 项目时间 | 项目内容 |
|------|---------|---------|
| 贵阳 | 2017.5 | 贵阳红云社区携手网录科技,搭建红云社区区块链助困系统,通过区块链平台实现精准扶贫、助残 |
| | 2018.10 | 贵州省扶贫基金会搭建的区块链智慧公益平台正式上线 |
| | 2019.1 | 贵阳清镇市积极运用区块链技术实现农村基层治理智能化、数字化 |
| 青岛 | 2019.6 | 青岛市上线"政务知识学习及考试平台"和"政务 KPI 考核平台",简化政务办事流程 |
| | 2019.7 | 青岛市市北区计划打造政务的底层数据流通网络,利用区块链技术,实现政务多部门之间的数据快速联动与同步 |
| 重庆 | 2018.2 | 重庆市江北区公安分局启动"社区民警智能名片"区块链应用项目 |
| | 2018.6 | 重庆市渝中区发布区块链智慧党建信息平台 |
| | 2018.11 | 建立以区块链技术为核心的新型政务信息资源共享机制,探索运用区块链技术助推电子证照等政务材料的跨层级、跨部门、跨区域共享互认 |
| | 2019.1 | 上线区块链食品药品监管追溯平台 |
| | 2019.3 | 重庆市工商局新注册登记营业执照全部加入政务区块链 |
| | 2019.6 | 上线区块链政务服务平台 |
| 佛山 | 2017.6 | IMI 数字身份平台正式发布,该平台依托于区块链构建智慧多功能身份认证 |
| | 2017.6 | 上线区块链政务平台 |
| | 2018.11 | 佛山禅城政府推出了"共享社区 APP",这是禅城创新"区块链+共享社区"基层治理方式的最新实践 |

续表

| 省/市 | 项目时间 | 项目内容 |
|---|---|---|
| 佛山 | 2019.1 | 佛山市禅城区计划启动"区块链养老服务"项目,使用区块链技术搭建数据共享和联动平台,从而完善服务管理机制 |
| | 2019.6 | 佛山市禅城区启动全省"区块链+疫苗"项目建设,打造"区块链+疫苗安全管理平台",疫苗的流通全过程可实现可视化监管,让疫苗更安全 |
| 南京 | 2018.9 | 南京仲裁委员会宣布,深度利用区块链技术,协同存证机构、金融机构、仲裁机构等对电子数据的存管,实现证据实时保全、电子送达、在线审理与裁决的网络仲裁平台上线运行 |

# 第6章 区块链的未来展望

区块链是一种由多方共同维护，使用密码学算法保证传输和访问安全，实现数据一致存储、防止篡改的数据管理技术。区块链凭借其特有的信任建立机制，实现了穿透式事前监管与信任逐级传递，对构建新型数字经济信息基础设施、重塑实体经济发展生态具有重要的战略意义。

从改良和变革两个层面来认识发展区块链的重要意义。在改良层面，区块链有助于降本增效，打造数字经济发展新动能。区块链与各行业传统模式相融合，有望释放巨大的发展潜力。在政府治理领域，区块链是打造透明廉政政府，实现智慧政务"数据多跑路，百姓少跑路"的手段。在金融服务领域，利用区块链技术，切实解决"小微融资难、小微融资贵""优化供给侧""去库存"等难题，保障处于供应链上的中小企业资金链的稳定和资金流动的高效，助力中小企业的茁壮发展及提高供应链的竞争力。

在变革层面，区块链影响数字资产市场，重塑金融经济格局。区块链带来的不仅是技术方面的改良，更进一步引入了新的金融模式和组织形式，这涉及货币创造和价值流通等经济核心领域。如 Facebook 发起的 Libra 项目，其目标是构建一个全球化、分散式、可编程的通用底层金融基础设施，这可能对当前金融体系具有颠覆意义。

当前，区块链主要解决多主体间信息流可信穿透问题，打通数据孤岛，重点应用于供应链金融、数据存证、产品溯源及政务数据共享领域之中。未来，区块链技术、应用、治理不断完善，将成为信息基础设施重要组成部分。

在技术方面，区块链仍然处于高速发展阶段，各种技术创新方案不断涌现。目前，区块链仍有技术难点，系统高性能、应用安全性等方面尚未成熟，上链数据的隐私保护、存储能力等方面也存在技术瓶颈。未来，区块链将进一步在高效率共识协议、区块链性能优化、互操作性技术、强约束智能合约语言、隐私计算技术等方面进行多点突破，进一步完善技术方案。

在应用方面，区块链技术的应用场景不断扩展，从金融领域逐步延伸到各个实体领域之中，场景的深入化和多元化不断加深。目前，区块链产业应用仍存在一些制约问题，如区块链前期搭建成本较高，与原有系统存在适配问题，市场潜力还需进一步挖掘。未来，随着产业发展，区块链将一方面助力实体产业，另一方面融合传统金融。区块链优化传统产业升级过程中遇到的信任问题，极大地增强助力传统产业升级，重塑信任关系，提高产业协同效率。

在治理方面，区块链不断加深治理模式探索，形成可持续发展，多方共赢的产业生态链。区块链作为重塑"生产关系"及"信任关系"的技术方案，应用的实施必然要涉及多主体之间的权利、义务关系。治理模式和发展要形成更为可行持续的区块链"游戏规则"，规定好各成员在其中的角色、投票权重、准入机制、承担的责任、利益分配等，将这些协商过程与法律规范深度融合，形成更为高效的信任圈和合作圈，充分发挥区块链技术的潜在价值。

# 致　　谢

在撰写本书过程中得到中国工程院信息与电子工程学部各位常委的指导和启发。中国电子科技集团有限公司的专家对征求意见稿提出了很好的修改意见。特此一并表示感谢。

卢锡城院士提出了很好的意见和建议，在此表示衷心的感谢。

作者：魏　凯　余少华　和　涛

# 参 考 文 献

[1] 中国信息与电子工程科技发展战略研究中心. 中国电子信息工程科技发展十大趋势. 指导组：陈左宁、卢锡城，工作组：余少华、陆军. 中国工程院信息与电子工程学部，2019-12-17.

[2] 欧盟科学中心. 欧盟《区块链：当前和未来》报告. 信息安全与通信保密，2019-12-10.

[3] 刘曦子. 美国批准《区块链促进法案》带来的启示. 中国计算机报，2019-12-02.

[4] 陆亚鹏. 全球区块链产业回归理性发展. 人民邮电报，2019-12-30.

[5] 王欣. 区块链：告别浮躁 深耕应用. 人民邮电报，2020-01-20.

[6] 中国信息通信研究院. 区块链白皮书(2019), 2019-11-08.